選挙という非民主主義

このまま18歳の若者に引き継ぐのか

東道利廣
Higashimichi Toshihiro

風詠社

はじめに　選挙では民意は反映できない

民主主義は選挙によって実現されていると多くの人に信じられているが、本書の主要な目的は、日本社会で行われている選挙が持っている、拭い難い非民主性を明らかにすることである。そして、民主主義を実現できる制度はどのように可能なのか、その中で、現在、政治活動の中心的存在である政党がどのように変化していくのか考えてみた。日本という社会が健全に発展してほしいと願うからである。となれば、現代の日本社会の政治的構造の〝ねじれ〟について議論せざるを得ない。あとがきが長くなってしまったが、日本国憲法、特に平和主義について議論することにした。欲ばった目標で書き始めたが、主要な目的は選挙という制度の問題点を明らかにすることである。

ここに、一つの世論調査の結果がある。今の日本の民主主義の実情が端的に表れており、選挙という制度の非民主性を読み取ることができる貴重な資料である。以下の私の議論は、この調査で示されているような日本の実情を念頭に置いて行われる。

※参考資料　２０１３年参議院選挙における有権者の政治意識（ＮＨＫ世論調査より抜粋・編集）

投票率52・６％

政治に民意は反映されているか
十分反映（０・４％）　ある程度反映（21・３％）　あまり反映されてない（63・２％）
全く反映されてない（14・４％）

今の政治への満足度
満足（１・３％）　どちらかといえば満足（23・４％）　どちらといえば不満（55・７％）
不満（18・８％）

自民党支持者の、政策ごとの評価（自民党の政策に賛成か反対か）
経済政策について　（賛成84％　反対15％）
原子力発電政策　（賛成37％　反対63％）
憲法９条改正　（賛成39％　反対59％）

重視した政治課題（複数回答）

社会保障・年金（56％）　景気・雇用対策（53％）　原子力発電・エネルギー（41％）
震災復興（36％）　消費税（34％）　外交・安全保障（25％）　憲法改正（22％）
子育て支援（19％）　ＴＰＰ交渉（16％）　教育改革（10％）

２０１６年の参議院選挙より選挙権年齢が18歳に引き下げられる。あらゆるメディアはこぞって若者たちに選挙に行くようキャンペーンを張っている。選挙という制度の持つ非民主性を論じることなく、若い世代に投票行為を促している。私は、もちろん棄権を奨励するのではないが、選挙という制度を無批判的に若い世代に引き継ぐのを黙って見ていられない。そんな気持ちから本書を書こうと思い立った。

江戸時代の幕末期、明治維新の原動力となった若き志士たちは、身分が低くても〝入れ札（選挙）〟で代表者を選ぶ権利を持ち、政策や法を決められるような社会にどんなにかあこがれたことだろう。また、１８９０年自由民権運動を経て帝国議会の議員選挙が行われるようになったときは、日本の民主主義は大きく進歩すると期待されたに違いない（ただし、このときの有権者は25歳以上の多額納税男子のみで、国民の約1％であったが）。１９００年に投票の秘密が保障され、１９２８年に財産の有無にかかわらずすべての25歳以上の男子に選挙権が与えられたとき、そして１９４５年に20歳以上のすべての男女に選挙権が与えられたとき、やっと国民主権が実現すると期待されただろう。さらに、２０１６年の改定では、若い世代の声が政治に反映されることが期待されているようである。

これらは民主主義の発展にとって時代を画する有意義な出来事であるという点について議論の余地はない。しかし、このような制度を持つ日本で私たちの目の前で行われている政治は、「人民の、人民による、人民のための」ものであると言えるだろうか。最近の出来事を見ても、特定秘密保護法、安全保障関連法は、多くの反対世論（賛成の世論を大きく上回っている）や憲法違反であるとの圧倒的多数の憲法学者の声を無視して成立した。このように国民の声とは異なる政策が行われるのは日常茶飯事であり、不信感は深く沈殿している。国民の声が政治に反映されないのであれば、民主主義の国とは言えないのではないか。このあまりにも単純明快な結論に対して、どのような神妙で複雑な理屈を付けたら反論できるというのだろうか。これらの法案に反対する行動を続けてきた若者のグループSEALDs（自由と民主主義のための学生緊急行動）は、このような事態に「民主主義ってなんだ」と疑問を投げかけている。

今の政治制度が、国民の総意をくみ上げることができていないのはなぜだろうか。選挙制度について問題点がいろいろと指摘されている。〝一票の格差〟を巡って、憲法違反状態にあるとの判決が続いて出されている。小選挙区制度の問題点やお金がかかりすぎることも指摘されている。しかし、選挙という制度そのものについて、根本的な問いかけを理論的に整理された形で行っている議論はあまり見かけない。「間接ではなくて直接民主主義を」との主張を聞くことは少なくない。しかし、その議論の掘り下げ方には物足りなさを感じる。

そもそも民主主義という言葉を生んだ古代ギリシアのアテナイでは、選挙というものは否定されていた。また、人民主権を理論付け、近代民主主義思想の元祖であるとも言えるルソーは、代議制は奴隷制と同じであると断じ、否定していた。すべての人が徳を兼ね備えた自由な個人として成長できるということを思考の目標に置いたルソーなればこそ、誰かに政治を任せるという制度は身分制度と同じくらい否定すべきものであったのだろう。

選挙権が18歳に引き下げられようとしている今、若者の政治的関心を高めるような論調がメディアを通して盛んに流されている。そのために、今の日本の政治問題を若者に提示することが多い。それはもちろん歓迎すべきことであるが、私たちの目の前で行われている政治の実態を知りながら、「政治に関心を持ちましょう。課題の解決のため投票には行きましょう」では、無責任ではないだろうか。政治に関心があることと、選挙という制度を無批判に受け入れることとは同じではない。逆に、関心があればあるほど、選挙に頼る民主主義の限界、もっと言えば非民主主義性が見えてくるはずである。

あるテレビ番組の話である。若者に政治に関心を持たせようと、あるコメンテーターは教育予算が少ないせいで学びたくても学べない若者がいること、貸与制の奨学金を返せなくて卒業と同時に多額のローンに苦しめられている若者が多いことを紹介し、それは政治の問題であるから関心を持つようにと若者を鼓舞していた。あるコメンテーターは、国の借金が極めて多額になっており、今の若者に将来の負担を残すことが問題であると強調する。また別のところでは、環境問題の重要性が強調され、原子力発電の問題もよく取り上げられる。長い間の不況が問題であり、景気対策がまず望まれると強調されることも少なくない。若者を啓蒙したいすべてのコメンテーターにとって、特定の候補者を選ぶという行為が特定の政治問題の解決につながるということは疑問の余地もない前提であるから、問題を取り上げれば投票を促したことになると思っているのである。しかし、本当にそうなのか。誰かに投票すれば、提示されたすべての問題解決に一歩でも進めるのか。誰もが疑わないこの点にこそ、選挙という制度の非民主主義性が隠されている。そこにメスを入れることが本書の第一の目的、最大の目的である。後の章で詳しく述べたいと思う。

批判するだけでは、対案を出せとお叱りをもらいそうである。人口一億を超える国で、国民が真に主権者として国の在り方を決めていけるような制度はどのように可能なのかを考えてみることを、第二の目標としよう。ただ、この目標に関して、考え方だけは明確なものを持っているつもりであるが、具体的な制度として自信を持って提案するだけの用意はない。もちろん現実味のない空想的な制度を提案するつもりはないが、読者の中には絵に描いた餅にすぎないと感じられる人も多いだろう。私としては、現在の制度の問題点解決の延長上に新しい制度を考えてみるだけである。沈黙していたのでは何も始まらない。基本的な考えを示すことで、新しい制度を構築する一つの契機になれば幸いである。餅の絵を描いてみることにする。

目次

選挙という非民主主義

このまま18歳の若者に引き継ぐのか

Ⅰ章　民主主義の基本思想

ルソーに帰る／個と集団の基本矛盾

生物の進化の中で現れた哺乳類。その中には、群れを作って生存競争を勝ち残ってきた種が少なくない。そのような動物にとって、集団のメリットを生かすことができる群れは、個体がより安全に確実に生存できるためのものである。個を守るために集団があるのである。しかし、集団は集団としての方針を決めなければならず、それは個の利益と矛盾することがある。集団の全構成メンバーの個別的利益が常に同じでない以上、それは必ず起きることである。このとき個と集団の関係が入れ替わり、個のための集団であるという原理は不変のままで、集団の方針が個の利益に優先されることになる。個の利益を守るはずの集団、その集団の利益が個の利益に優先される。集団の力で生き延びる戦略を選択したすべての動物における、解消されることのない基本的矛盾である。この矛盾の処理の仕方が生物としての種の発展の歴史でもある。集団の中の秩序の守られ方は種によってまちまちであり、多様な生態を生み出している。母親がわがままな子どもをたしなめる程度の穏やかな〝指導〟で集団の結束が守られているような種もあれば、集団の構成メンバーが常に血みどろの争いを繰り返していて無政府状態が常となっているような種もあり、一頭のボスの統制を頼りにしているような種もある。人類は様々な動物の中で最も大きな（個体数だけでなく地域的広がりにおいて）集団、〝国〟を作った種である。

集団で生きる動物の中には、ある種の〝民主主義〟的な行動様式を持っているように思われるものがある。もちろん、それは主義などと呼べるようなものではなく、単なる行動様式である。例えば野生の猿の群れにおいては、腕力に秀でたボス猿がなんでも専制的に決めているわけではないようである。移動先を決める場合でも、自分が良いと思っている方向に動いてみて他のメンバーがついて来るようならばその方向に移動するが、そうでなければ別の道に変える。多数決を採っているはずはないと思われるが、群れの行動については他のメンバーの反応を見て決めているようである（『サル学の現在』立花隆）。考えてみれば、ボス猿がいかに喧嘩に強くても、群れ全体に安全と豊富な食べ物をもたらす能力に欠けていればその群れは繁栄しないだろう。群れの中には、腕力には劣っていても状況判断に長けたメンバーもいれば、知識（記憶）に長けたメンバーもいるだろう。その群れ全体の力を最大限に生かすことが群れの繁栄につながるとしたら、群れの多くのメンバーの多様な力を生かすことができる行動様式を備えた群れが生き残ってきただろうと考えるのは、極めて合理的な推測である。

「万機公論に決すべし」とは、明治時代の幕開けを告げる五箇条の御誓文によってはじめて明文化されたものではあるが、封建時代にも、それ以前にも、もっともっと以前、ホモサピエンス以前、猿の群れにも、集団全体の力を最大限に発揮する方法として、構成員の意思をうまく汲み上げる様式が進化の過程で育まれてきたのは間違いないと思われる。

デモス（民衆）によるクラトス（支配）としてデモクラシーという言葉を発祥させた古代ギリシアでは、幾多の都市国家が存亡をかけて争っていた。アテナイが市民の意見をそのまま都市国家の政策に反映させる民会という制度（直接民主主義の古典的モデルとされている）を持って勝ち残ったとされている。ただ、このデモスによるクラトスは、人間一人一人を尊重するという意味では民主主義に程遠いものであったと思われる。都市国家の構成員のうち、女性や奴隷は除かれ、市民は極めて少数であったからである。

民主主義を人間の平等という考えと結び付けたのがルソーの功績であると思われる。ジュネーブ共和国で参政権を持つ市民の息子として16歳までを過ごしたルソーは、当時の文明の中心地パリに暮らすようになった。ジュネーブ共和国での生活とフランスでの生活の両方を体験したことが重要な契機となり、身分制度や財産の偏り、不平等な人間関係が自然な個人の発達を阻害しているとの考えに至り、大著『エミール』などで著されるように、人間本来の自然な成長がいかにすれば達成されるのかを求め続けてきた。そして政治制度こそが、どのような人間を育てるのかにおいて重要な役割を果たすという認識から、「政治制度論」をまとめ上げようとした。これは未完のままに終わってしまうが、その一部分が「社会契約論」である。極めて難解な著作であるが、ルソーの考えの根幹を大胆に通俗化すると次のようになるのではないだろうか。①政治制度によって人間の在り方が左右される。従って、本来的人間性を取り戻すのも政治制度によらなくてはならない。②人は個人のままでは生存することは困難であるから、集団（共同体）を形成する必要がある。国家は個人を守るための共同体であるべきである。③その国家は個人の合意（社会契約）のもとにできたものであるから、国家の法は、その法に従う人民が決める。法によって国の在り方が決められる。④国の在り方が決まれば、つまり集団の意思が決まれば、人民はその意思に服従しなければならない。このような国家の在り方のみが、人民が自分自身以外に服従するものはないという原則に適合するものである。

このような大雑把な言い換えは、ルソーやルソーの研究者から正確でないとお叱りを受けるかもしれないが、このように理解すると、極めて難解な文章で著された思想も自然なものに思える。動物が育んできた、群れを作って種を守る営みの延長上にある考え方ではないだろうか。この人民主権論と呼ばれる思想は民主主義思想の基礎となるものであり、その後の世界史に大きな影響を与え、日本においては東洋のルソーと呼ばれた中江兆民らによって紹介され自由民権運動の支えとなった。

日本国憲法前文において「・・・主権が国民に存すること・・・」が高らかに宣言された。その意義は強調しても強調しすぎることはないくらい大きい。しかし、本当に「法に従う国民が法を定める」ことになっているのか、冷静に考えてみるとなんとも頼りない。「国権の最高機関」は国会であるとされ、主権者である国民が主権を具体的に行使することはできず、自分の代わりに主権を行使してくれる国会議員を選ぶ選挙権が与えられているだけである。そもそも自分の主権の代わりをしてくれるような誰かを選ぶことなどできないのであるが、その点については後の章でもっと詳しく述べることにする。

前述したように、古代アテナイにおいては選挙で代表を選ぶことを明確に否定しているし、ルソーは代議制を奴隷制度と同じであると明言している。代議制によって民主主義は死んでしまうと言っているのである。私たちが若い世代に引き継ごうとしている選挙という制度は、民主主義の干からびた死体であるということになる。ルソーが何よりも大切に考えたのは、人民がその主権を使ってどういう結論を出すかということもさることながら、人民自身が決めるという過程・行為である。その行為を行うことで自由に考える徳を備えた人間が育つ、それを目標としていたのである。仮に、ある代議士に判断を委ねて最善の決定をしたとしても（そういうことはあまり期待できないのであるが）、自分の主権を実際に行使する場面がなければ、人間としての成長は阻害されてしまう。

国民の政治への関心の薄さが問題とされている。特に若者の政治離れ、選挙の投票率の低さが問題とされている。決して投票を棄権せよと主張しているのではないが、民主主義を語るのであれば、現在の制度が民主主義を実現する可能性がある制度なのかどうか、問題提起することを忘れてはいけない。民主主義のラベルを貼り、民主主義の干からびた死骸を押し付けているのだとしたら、それは犯罪に近い無責任さである。

Ⅱ章　日本の〝民主主義〟の実情

安倍首相の〝正直〟／選挙の非民主性を露わに

選挙という制度の根本的分析は次章で行うことにして、まず、今の制度で国民の意思は立法行為にどの程度反映しているのか見てみよう。はじめに紹介した参考資料を思い浮かべてほしい。また、例として最近の政治的出来事を考えてみる。

アベノミクスの評価と消費税10％の実施時期延期を国民に問うとして、２０１４年12月に第47回総選挙が行われ、与党（自民党・公明党）が大勝した。その後の国会では、一連のいわゆる安全保障関連法案が提案され可決成立した。審議の過程でこの法案の問題点がどんどん明るみになり、与党推薦の学者も含めて圧倒的多数の憲法学者が憲法違反であると判断した。野党の追及にまともな答弁ができない場面も多くみられ、国民世論も反対意見が賛成を上回り、その国会で成立させるべきでないという意見は各種国民世論調査で８割を超えた。しかし国会審議は、法案の問題点を審議し、間違いがあれば改めるというものではなく、単なる手続きにすぎない。審議内容と全く関係なく、法案提出時に決まっていたかの如く採決される。8割の国民が〝待った〟をかけても簡単に法案を通すことができる。これが今私たちの目の前にある〝民主主義〟なのである。

国会審議で法案に対する具体的な問題指摘に応じることができないときに、首相（安倍晋三氏）が良く使う、答弁逃れのための二つの一般論を取り上げたい。民主主義の根幹とも言える重要な問題を含んでいるからである。一つは、（ア）「安保条約を締結したときも自衛隊を創設したときも国民世論では反対意見が多かった。今はどうですか。安保条約や自衛隊の存在に反対する世論は少数派ではないですか。この安全保障法案も、今は国民に理解されていなくても後の歴史的な評価を受けるはず」というものであり、もう一つは（イ）「私たちが前の総選挙で出したマニフェストには、この法案のことが書かれている。そして国民の多くの支持を得た。（質問者の野党の議員に対して）あなた方の党は支持が少なかった。選挙公約に基づいてこの法案を提出している私たちは極めて民主的である」というものである。このような首相の答弁に質問者の野党議員から有効な反論が聞かれなかったのは残念であった。

（ア）に関して言えば、安保条約にしろ自衛隊にしろ原発にしろ、既成事実化した事柄についてはすべて、反対世論が同じトーンで存在し続けるのは本来困難である。悪法も法なりであり、その法が実施されている以上、その法の下で育った人間はそれを当たり前として受け入れた生活から始めているのである。さらに、その法に基づいていろいろな社会システムが作られ、もちろんそのシステムの中で生活の糧を得ている人間も多く生まれる。賛成にせよ反対にせよ、ある事柄が実施された後は、そのことが正しいのかどうかが問題とされるより、その事柄といかに折り合いをつけるかが問題にされることの方が多い。もう白紙の状態で判断することはできなくなっているのである。時間の経過も大きい要因である。戦争や原子爆弾投下という、未来永劫最大限のトーンで反対し続けなくてはいけない事柄さえ、時代とともに世代の交代とともに反対のトーンは変化してしまうものである。その時点時点で正しい選択なのかどうか判断しなくてはならないときに、そのことと真摯に向き合うことを避けて時間経過や長年の既成事実化という別の要因が混ざった判断基準を持ち込むことは、議論を行う上ではペテンとも言える重大なルール違反である。

（イ）について言えば、本書で私が最も取り上げたい、代議制の非民主性と関わる事柄である。Ⅲ章で詳しく述べたい。安倍首相はこの種の発言を特に多く繰り返す。本音を正直に語ってくれているのではあるが、首相の民主主義感覚が特に劣悪であることを示している。私がこの原稿を書いている途中でも、また同様の発言を衆議院予算委員会の中で行った。「・・・自民党の憲法改正草案がある。すでに衆議院2回、参議院1回、このことも掲げながら選挙を戦い、大勝を得た。・・・（草案では）9条についても示している。・・・」と訴え、9条の改正に動く可能性について触れた（ただ、憲法改正については、国民投票という民主主義の砦が厳然と存在している。その砦を越えられる自信がなければ踏み出さないだろうと思われる）。選挙で選ばれた多数派のすべての政策は、国民の信任を受けていると言い放っているのである。安全保障関連法案のときは、国民投票という砦が存在しないので、言い放って国会内の力関係だけで制定することができた。与党の政策の全項目が国民に信任されていると考えているのなら、はじめから国会審議など必要ないことになる。そして、実質的に国会運営はその通りに形骸化されている。安倍首相は〝正直〟にその事実を公言しただけのことである。このような出来事は日常的に起きていることであるが、どう見ても肯定的に受け止めることはできないし、若い世代に引き継ぐことはできない。

干からびた現在の民主主義ではあるが、国会の審議がごく一部分にすぎないにせよ、報道機関によって国民に知らされ、国民の関心が高まることがある。このことが唯一と言って良い、有意義な点である。しかし報道に対する制限も問題とされなくてはならない（機密保護法が制定され、つい最近も高市総務大臣がメディアに圧力をかける発言を行った）。言論の自由が完全に守られているのか。さらに、そもそも報道事業は誰でも簡単にできることではないので、報道の自由は実質的にはすべての人に与えられているものではない（インターネットの活用によって改善される面もあると思う。また、別の問題も起きるかもしれないのは注意すべきであるが）。民間報道機関は予算的にスポンサーに頼らざるを得ないし、受信料で運営される日本放送協会（ＮＨＫ）もそのトップの人事が政府によって左右される。番組を実際に作っている社員・職員一人一人の民主主義に対する高い意識も、トップの意向次第では生かされることも削がれることもあり得るのである。

　以上、代議制の問題点の実情を眺めてきたが、違う観点から議会の非民主性以前の問題を指摘する論者も少なくない。形骸化されたものであれ、議会において審議されて物事が決められているのならまだしも、決められたことを執行するだけのはずの行政が実際はほとんどのことを決めているというのである。行政権に対しては主権者である国民（住民）は主権を発揮するどころか全く関与する手立てがない。選挙という細いながらも国民の意思とつながりを持っている政治家（議員）ではなく、選出にあたって国民の権利が全く及ばない官僚が決めているというのである。住民運動にかかわってきた論者による実際の実践経験からの指摘である（『来るべき民主主義』國分功一郎）。

　この種の批判の極めつけは、そもそも国の政治の中枢である内閣が官僚にコントロールされてしまっているという具体的な指摘である。憲法では「行政権は内閣に属する（65条）」とされているが、実際の閣議は官僚に完全に仕切られており、ひどい場合は総理大臣でさえも閣議で何が決まったのかわかっていない場合もあると紹介されている。各省庁の官僚のトップの会議が事務次官会議と呼ばれるものであるが、閣議の前日にこの会議が開かれ、閣議で取り上げられる議案が決められる。大臣や首相が自らの政治的信念に基づいてその時々必要な議案を提出するのではなく、各省庁の官僚のトップが閣議の内容を決めるのだそうだ。

そして、その決め方は慣例として事務次官会議の全会一致ということになっているそうである。誰か一人の事務次官が反対すれば閣議に取り上げられないことになり、政策として日の目を見ることは無くなるのである。ある首相が取り上げたいと切望した議題が事務次官会議で了承されず、葬られてしまった実例も紹介されている。憲法にはもちろん、何ら法的なよりどころがない事務次官会議が、この国の政治の根幹を決めているのだそうだ。そして、閣議自身は進行役の官僚（事務担当内閣官房副長官）が流れるように処理し、案件を読み上げるだけで議論もなく質問もなく、大臣は署名するだけで、あっという間に終わるのだそうだ（『憲法とは何か』櫻井よしこ）。閣議の議案を首相が知らなかったというようなことは、このような運営から起きるのだろう。信じ難い話であるが、今でも本当にこのような状態なのだろうか。私自身は、このような具体的あり様を自ら調べたわけでないので、この分野の記述はここまでにしたいが、国会審議での政府の答弁の的外れさ加減や、まるで他人が書いた原稿を読み上げているかのような生気のない応答を見るにつけても、官僚の操り人形化しているという告発がまんざら嘘ではないように思える。

話が本筋から外れたついでに、憲法15条についての私が体験したエピソードを紹介したい。憲法を読み直して、前述のことと関連するのかどうかわからないが、15条が気になった。「公務員を選定し、及びこれを罷免することは、国民固有の権利である」とされている。特別公務員と呼ばれている議員や自治体の長は選挙で選ばれることは誰もが知っていることであるが、一般の公務員が国民によって選ばれている現実はない。官僚も国民に選ばれるべきであるという考えが、化石のように憲法条文の中に残っているのではないか、まあそんなことはあり得ないと思いながら、法務省にこの条文がどのように解釈されどのように生かされているのか問い合わせてみた。法務省では、公務員に関することなので人事院に聞いてくれと言われ、人事院に問い合わせると、憲法解釈なので内閣法制局に聞いてくれと言われ、内閣法制局に聞くとその条文の解釈はしていないと言われ、それではどこに聞けばよいのか聞くと、どこに聞いたら良いか答えてくれる窓口が総務省にあると教えられたのでそこに問い合わせると、担当の職員も困ってしまって「どこにも答えてくれる部署もなく人もいない」ということで、その職員も私も苦笑いで終わるしかなかった。憲法学者ならば答えてくれるはずだと思うが、国の政治の中枢に憲法がどのように解釈されているのか答えられる人・部署がないというのは笑い事ではない。憲法9条が完全に実際と異なっているのは子ども〝でも〟わかることであるが（正確には、〝でも〟ではなく、屁理屈をこねない素直な目を持った子ども〝ならば〟わかるという方が正確であるが）、他にも全く軽んじられている条文が少なくないようである。本当に笑い事ではない。

私の話の本筋は、選挙という制度が本来的に持つ非民主性である。本筋に戻そう。

Ⅲ章　選挙の非民主性

選挙と自己免疫疾患

この章が本書の最重要部分なので、詳しく述べていきたい。

「・・・主権が国民に存する・・・」ことを民主主義の原則としよう。社会の在り様は法によって決められる。主権とは法を決める権利である。すでに述べてきたように、国民の意思に背いた立法行為が横行している。なんの屁理屈も言い訳もない素直な目で見れば、今の日本には国民に主権がないということになる。

選挙で議員を選ぶということは、自分の主権を誰かに譲るということである。原理的にそんなことができるのか。自分の意思を他人に託すことができるのか。いろいろな分野の政策について、選挙のときだけでも、すべての政策分野において、自分と同じ考えを持つ人物はいるのか。そのような人物と出会う確率は高くないだろう。さらに、議員の任期という短い期間であっても、考えが自分と同じであり続け、同じように変化すると保障される人物を探すとなれば、もっともっと確率は低くなる。主権を他人に譲ることは原理的に不可能なのである。同じ考えの人が少なからずいるはずであるというのが民主主義の前提ではない。逆に、個人の意見は異なるものであり、それぞれの意見が尊重され、議論や多数決によって物事を決めていくのが民主主義であるはずである。

自分の意見と同じではないと知りながら誰かに投票している。そんなことはいまさら言う必要のないほどわかっていることかもしれない。圧倒的多数の人にとって投票は、物わかりの良い〝大人の妥協〟なのである。ある人は、いろいろな候補者の中で、自分が一番関心を持っている政策で自分の考えに一番近い候補者で妥協するし、ある人はいろいろな分野の政策を全体的に眺めてみて一番我慢できる人で妥協する。ある人はどうせぴったりの人はいないのだから、誰でも同じだから投票しなくてもよいと妥協する。そのような人にとっては棄権も妥協の一種なのである。候補者の一人に任せる代わりに、多数の他の有権者に任せようというのである。候補者の誰も気に入らないとき、いやな面に目をつぶって誰かに投票するのと、どうせ誰かに任せるのであれば投票すべき候補者を明確に決めている他の多くの有権者に任せよう（従って他の人の選択に従うため棄権しよう）というのと、比較してどちらが大きな妥協であると言えるだろうか。他人任せにしないで自分で自分の一票を使いましょうなどと平気で言える人は、選挙という制度の本質がわかっていない人である。選挙という制度自身、条件付きで他人任せにしましょうという制度なのである。棄権を奨励するのではないが、政治を勉強すればするほど託せる候補者がいなくなる（そういう候補者がいる有権者は幸いであるが）。選挙というのはそういうことが常に起こる制度である。

はじめに挙げた参考資料（Ｐ４）を改めて見てほしい。自民党に投票した人で、自民党の経済政策に賛成の人は84％（反対15％）、原子力発電政策に賛成の人は37％（反対63％）、憲法９条に対する考えで賛成の人は39％（反対59％）となっている。ＮＨＫの評価では、「・・・自民党が大勝した理由は経済政策への評価であり、原発政策、憲法への姿勢は支持されていない。・・・」というような内容であった。その通りであるが、私はもっと厳しく言いたい。自民党に投票した人で、自民党を本当に支持（政策を支持）している人は極めて少数である（おそらく10％未満）。他に投票するところがなかったから自民党に投票しただけである。そしてその結果、今の政治に満足している人はたった１・３％、民意が十分反映していると思っている人はなんと０・４％しかいない、というありさまになっているのである。この深刻な数字は選挙という制度への不信任と受け止めるべきである。

社会を形成して集団で生き延びていく道を選ぶ以上、どんなに理想的な制度を作ったとしても、個の利益と、所属している集団の利益の矛盾にまつわるある種の〝妥協〟は避けられないものである。この〝妥協〟が最小限で済み、より合理的で必要なものと多数者に納得されるとき、つまり、個の利益と集団の利益の対立は残したままでも個の納得と集団の秩序が両立できるとき、もう妥協という言葉は使わないで〝矛盾の止揚〟という言葉を使うべきである。この止揚の典型的な例は多数決の原理であろう。多数決で決まったことには個人は納得せざるを得ないという気持ちになり、決定事項を守るという構成員どうしの契約から集団の秩序は守られる。私たちの議論は、この〝矛盾の止揚〟を目指しているのである。

選挙も一種の多数決であるから〝止揚〟であると言っていいのではないかという主張もありそうである。場合によってはそうなるかもしれない。国民の大多数が、選挙は国の政治にとって有効な制度であり、その結果には敬意を持って従うと思っているときである。つまり、大多数の国民にとって、自分と同じぐらい信頼できる候補者がいると感じられるときである。日本より〝成熟した民主主義〟を持っている国では、それも起きるかもしれない。しかし、残念ながら日本はそうではない。政治に民意が反映されていないと感じている人、政治に不満を抱いている人は多い。支持する政党がないと自覚している人の割合は3～4割であり、政策の支持を政党支持の条件とすれば、その割合はもっと大幅に増える（参考資料）。投票率が5割を大きく下回る選挙も珍しくない。特に20歳代の有権者の投票率は3割台の場合が多いと報道されている。

同じ多数決でも、政策そのものを多数決で決めるのと、政策を決めてもらう人（議員）を多数決で決めるのとでは根本的に違う。前者では、自分の意思が結果と直結しているのに対して、後者では、自分の思うような政策を実行してほしいと期待できるだけである。選挙時の公約は、議会内の力関係から実現できなくてもなんの責任も問われない（問うこともできない）。また、得票のため有権者に訴えた美辞麗句は単なる努力目標であり、実質的にはなんらかの効力を持った約束ではない。さらに言えば、当選後議員の考えが変わり、選挙時に公約した政策を変更しても、それは道義的な問題でしかない。ことさらに現状を悪く表現しているのではなく、今あげたようなことは日常的に起きているのは誰もが知っていることである。今あげたことしか起きていないと言っても良いほどである。そのたび、有権者は「選んだ者が悪かった」と言われるし、そう思ってしまう。しかし悪いのは選挙という制度である。自分の主権をすべて他人に任せるのが選挙であり、任せた限り自分の思うようにはならないのである。

主権は他人に譲ることはできないという一般的観点から選挙という制度を問題にしてきたが、もっと具体的に現状を分析すると、選挙という制度の非民主性の核心がさらによく見えてくる。つい最近の出来事を例に考えてみよう。

Ⅱ章で簡単に触れたことをもう一度しっかりと議論し直してみたい。第47回衆議院選挙では、消費税10％の実施時期を延期することとアベノミクス（安倍内閣の一連の経済政策）の評価が〝争点〟であるとされた。大勝した自民党と公明党を与党とする安倍内閣は、選挙後の国会では、問題点だらけのいわゆる安全保障関連法案を提案してきた。世論調査の結果では国民の８割の人がその国会で決めるのは性急であり慎重に進めてほしいと願い、与党推薦の憲法学者も含めてほとんどの憲法学者が憲法違反であると判断したにもかかわらず強引に事を進めた。安倍内閣は、安全保障にかかわることは選挙公約に掲げており、選挙を通して信任を受けているとしてこの法案を通してしまった。

安倍総裁が率いる自民党がなぜ多数派となったたか、それは安全保障法案に国民の支持が多かったからではない。国民の大きな妥協のおかげである。世論調査は、自民党へ投票した多くの人でさえ、自民党の政策を支持していないことを明確に示している。前の民主党政権への不信、経済政策への期待（信頼とはかぎらない）、何とか不況の現状を変えたいという願望、他の政党に任せられる候補者がいないからという文字通りの消去法的妥協など、妥協に妥協を重ねて投票した結果である。

選挙という制度がどのようにして国民から主権を奪うのか、その核心部分がここにある。政策にはいろいろな分野がある。外交、安全保障、経済・財務、厚生、教育、環境、農業・漁業・食料・・・など異なった分野の政策が1府12省庁の行政機関によって行われている。議員の候補者は各分野について自分の政策を持ち、そのセットされた政策がその候補者を特徴付けている。つまり、今の制度で有権者にできることは、その政策のセットを選ぶということであろう。政策のセットが同じ候補者が政党を作る（実際は逆で、同じ政党に属する候補者は同じ政策のセットになるよう調整されるのかもしれないが）。もちろん、どの政党にも属さず独自の政策セットを持っている候補者もいる。有権者は、投票するとき政策をセットとして承認しなければならない。経済政策ではある候補者に賛成だが、安全保障政策では全く反対であるというようなことは常に起きている。そのような有権者にとって、ある候補者に投票するということは、ある政策をある政策のために犠牲にするということである。前の総選挙で自民党の候補者に投票した人で、アベノミクスには期待できるが、安全保障政策には賛成できないと考えていた人は、経済政策のために安全保障政策を犠牲にしたのである。主権とは法を決める権利であるから、経済に関する主権のために安全保障に関する主権を犠牲にしたのである。まるで、難病の〝自己免疫疾患〟にかかったのと同じで、自分の一部分が自分の一部分を傷つけることになるのである。選挙は、多くの国民を〝自己免疫疾患〟にかけてしまう制度である。

選挙のたびに、今回の選挙の〝争点〟が報道・解説される。争点政策で投票すればよいという主張をする人もいるだろう。経済問題を争点にして勝利を得た与党が、争点としてはあまり注目されてなかった別の大問題法案を成立させようとしている姿を目の当たりにしても、そのようなことが主張できるだろうか。一般的に言えば、確かにその時々でクローズアップされる問題はあるかもしれないが、政策は脈々と引き継がれている、ずっと前に立法化された法案の影響がある時点で社会全体に大きな影響を与えて、社会で最も深刻な問題になるということはよくあるのである。

経済政策と安全保障政策はもちろん完全に別の政策ではなく、影響し合う部分もあるだろう。しかし、お互いの政策でお互いの政策を補い合えないという意味で、やはり独立性を持っている。どちらかの政策がどちらかの政策の優位に立っているということはないのであり、一方の政策で一方の政策を犠牲にすることなどできないのである。経済のために国の安全を犠牲にできるだろうか。また、その逆をしたらどうなってしまうだろうか。環境政策を経済政策のため犠牲にできるだろうか。目先の利益のために地球環境の破壊を容認できるだろうか。一つの選挙争点と呼ばれる政策で誰かの候補者を選ぶというのは、意識するしないにかかわらず、大きな賭けである。近年の総選挙でもそういうことがよく行われてきた。例えば、「郵政民営化を問う」とされた選挙で大きな支持を得た与党が行った数々の政策は、郵政民営化以外にも大きな影響を後の社会に与えたのは、記憶に新しいことである。

選挙報道などで、国民にその時々の問題を整理して、投票するときの判断材料をわかりやすくしようという善意からではあるが、争点として挙げられる項目はできるだけ少なくしようとしていることもある。特に、一つの争点だけが異常に大きく目立ってしまうこともある。そうする方が有利であると判断した党派がそれを演出することもある。そして結果的には、目立つ争点のために他の政策が犠牲にされる。演出によって犠牲の度合いがひどくならないようにしてもらいたいものである。ただ、緊急時には、他のすべての政策を一時的に犠牲にしなければならないほど優先されるべき争点があることも事実ではあるが。いずれにしても、選挙は犠牲と妥協を強いる、主権者から主権の一部を奪う制度である。

Ⅳ章　より良い民主主義制度の模索

餅の絵を描いてみる

Ⅲ章までの記述で、代議制の非民主性を明らかにしてきた。ただ、対案の示唆もなく終わっていたら、無責任であるとの誹りに耐えないだろう。具体的な制度設計を行うことが私の手に余るのは承知の上で、ごく基本的な考え方だけをまとめてみたいと思う。それは、現在の制度の批判から必然的に出てくるものであり、個人の主権が発揮できる場面を可能な限り増やすことに尽きる。若い世代がこれからの日本の民主主義制度を改革するときに、ごく僅かなりとも参考になれば幸いである。とにかく、選挙では国民の主権は守られないのである。今の政治制度とはまるで異なるものとなることを恐れず、一貫した考えで整理してみたい。できれば、国民投票大国スイスの制度などを調べて参考にしたかったが、今回は時間的制約からその余裕がなかった。不十分なものであるが、あくまで一例として、餅を絵に描いてみることにする。

また、制度変化によって、議員や政党という存在がどのように変化するのかについても思いを巡らせてみたい。

【1】多数決原理の順守

前に議論したように、個人を守るための集団の方針を優先するとすれば、多数決の原理に従って集団の在り方を決めるしかない。ただ、Ⅲ章で議論したように、多数決で決めるのは政策であり、政策決定を委任する人ではないということが原則であることを再度確認しよう。ただ、すべての法案作成についてこの原則を通すのは物理的にも不可能である。従って、代議員の必要性が無くなるというのではない。後の【3】で述べたい。

また、少数意見は、そのときの集団の方針にならないとしても、尊重されなければならないのはもちろんのことである。多数の意見が正しいとは限らないし、時間の経過とともに、また環境の変化とともに集団の方針は変化しなければならないことが必ず起きる。このような変化への対応力として、その集団の中に多様な意見をいつも確保しておく必要があるからでもある。少数意見尊重は、集団を形成する種の基本的生き残り戦略でもある。

【2】国民投票で法律の制定・廃棄ができる制度づくり

直接的に国民の総意で国の法律を決める道を確保する以外に国民主権を実現する方法はない。

(1) 国民投票の準備（各政策分野で要望の高い政策を調査・整理する）

現在の日本の政府は、1府（内閣）12省庁（総務、法務、外務、財務、文部科学、厚生労働、農林水産、経済産業、国土交通、環境、防衛の11の省と国家公安委員会）で構成されていて、それぞれの担当する政策分野を持っている。政策分担が現在のままで良いのか悪いのか、今の私には論じる用意がないが、省庁の再編成が必要となればそれも重要政策の一つである。政策を、1府12省庁に対応して分類するのは多すぎるように思われる。仮に次の8分野に分けて考えたらどうだろうか。①外交・安全保障政策　②産業政策Ⅰ（商工業・情報）③産業政策Ⅱ（農林漁業）④環境・厚生政策　⑤教育文化科学政策　⑥国土保全・地方行政政策　⑦政治制度・税の制度の政策　⑧以上のどの分野にも入らない、または入りきらない政策分野として総務政策。

2年に一度ずつ全有権者から8分野ごとに政策要望を集約する。政策要望は新しい法律の制定、あるいは現行法律の廃棄という形で出してもらう。それぞれの分野で要望数の多かったもの2案件を確定する。要望の集約については、すべて行政機関に任せる必要はなく、町内会のような住民組織も可能な範囲で協力することで行政的負担を軽減できる。また、日常的に国民が政治課題に向き合う機会があるのも貴重である。この案件は、絶対多数ではなく相対多数で決められる。2年に一度としているが、情報技術の進歩とともに集計の手間が省力化できるようになれば、もっと頻繁にやっても良い。

(2) 国民投票の実施

(1) で決められた要望が強かった法律案件について、一定期間の国民への告知活動、国民的議論を経て、全有権者による賛否を問う国民投票にかける。新しい法律の制定または現行法の廃棄が直接国民投票によって決められるという画期的なことが起きるのである。このときは、投票数の過半数の賛成をもって可決とする。投票率についても一定の条件を付けてもよいと思われる。可決されなかった場合は、現行のまま変更なしということになる。

国民投票によって立法行為が可能になる意義は限りなく大きい。やっと国民主権が実際の制度として実を結ぶのであるが、それだけにとどまらない。投票までの過程で、主権者一人一人が育てられる。国の政策に関心を持つようになり、一定期間の告知活動、国民的議論を通して、その政策についてより深い認識を得ることとなる。その認識は、自分たちの社会の在り方を変える直接的な力になる知識である。

例えば、国民の関心が強い消費税についても、10％にするのが良いのか悪いのか国民の総意で決められるのである。また、原子力発電について、廃止するのかどうか直接国民の多数決で決めることができる。解決しない廃棄物の処理問題（危険性・費用・場所）、一度起きてしまえば取り返しがつかない大きな事故になる危険性、地震大国の日本で安全がどのように確保されるのか、原子力発電が経済的であるというのはどのような計算の結果なのか、耐用年数を過ぎた発電所の廃炉はどのような見通しで可能なのか、またそれに対する費用の見積もり、東北の汚染をどれだけ費用と時間をかけたら取り除くことができるのか、原子力発電を廃止したときの電力供給をどうするのか、代替えの発電方法開発の見通しはどうなのか、等々、国民がわかるまで徹底的な議論をすることができる。また、議論は、論敵をやっつけるためではなく、現実のエネルギー政策として日本にふさわしいものを探すという建設的なものでなければならなくなる。国民はそれをこそ望んでいる。

実は、こういったことは非現実的なことではなく、少なくない国で行われている。例えば、デンマークでは1970年代初頭から原子力発電推進の動きがあったが、デンマークのエネルギー政策としてどういう可能性があるのかを徹底的に議論した末に国民投票が行われた。その結果に基づいて、1985年に、原子力発電を行わないこと、そしてそれにとどまらず自然エネルギーを活用する優れたエネルギー政策の推進、近隣の諸国にも原子力発電を行わないよう働きかけることが国会で決められた。そして、世界一の風力発電技術など代替エネルギーの開発、世界一の家庭への給湯パイプ網の整備、火力発電のエネルギー効率の大幅向上など、優れたエネルギー政策が推進された（『人間と環境』Ｖｏｌ20　№1　永続的エネルギーシステムをめざして－デンマークの例に学ぶ－東道利廣）。

頻繁に国民投票を行う国としてはスイスが有名である。また、余談になってしまうが、今、スイスで国民投票にかけられている政策が驚くべきものである。「ベーシックインカム（基礎的所得とでも訳すべきか）」として、一定の収入を、職業人にも働いていない無職の人にも支給しようというものである。いくら社会保障制度が進んでいるスイスでも、職がなくても生活に困らないような制度が可決されるとは信じ難い（何ら根拠はなく、ただ信じられないという驚き）のであるが、雇用とか賃金労働という概念まで揺さぶられるような、社会の大変革につながる、共産主義社会を思わせるような制度である。もちろん国民の中には反対意見も多いが、激しい階級闘争の末に社会主義革命を達成し、共産主義社会に移行するというマルクスの予言とは全く違った穏やかなプロセスで、革命に匹敵するような変化が可能であるということである。スイスの国民投票は可決されないことが多いと聞くので、結果はどうなるかわからないが、結果よりも国民の直接的意思でスムーズに国の大改革ができることが素晴らしい。大事な局面でしばしば直接的な主権行使があってこそ真に主権者になれるのである。

私は代議制の否定を原則として議論を進めているが、前述したように、すべての法律を直接的な投票によって決めるのは無理であることはよく承知している。職業を持っている一般の国民が、プライベートの時間を使ってすべての法律案を実務的に検討するのは物理的にも不可能である。やはり専門的な政治家（議員）に任せる部分が多くなってしまうのはやむを得ない。多いどころか、数量的にはほとんどと言っていいかもしれない。従って選挙という制度をなくすのはできないことになる。ただ、大事な局面で国民投票によって、鍵となる法律を直接決めることができるようになり、議員はその法律に矛盾しないように他の法律を整備していく役割を職務とするのであれば、国民の意識が変わり、議員と国民の関係が変わり、そして、選挙の意味も大きく変わるに違いない。

実際、国民投票で決める場面が多い国ほど、選挙についても投票率は高い。スイスやデンマークでは、低い場合でも80％を大きく超えることがほとんどである（それで満足というわけではないが）。日本の若者の投票率30％台と比べて、主権者としての意識の違いが歴然としている。このことから日本の若者が政治に無関心であることがメディアでもよく取り上げられる。家族や友人の間で日常的に政治論議がされ、自然に関心が高まる国とは違って、政治的な話題を避けたがる日本の風土慣習が論じられる。そのような風土が生まれるのは制度の問題であって民族的特徴ではない。江戸時代の幕末期、国を動かす原動力となった多くの若者は、国の在り方について熱く語り合った。相手と論争の種を生むだけで、実際的にはなんの役にも立たない、軋轢を生むだけの議論ならば誰もしたがらない。どうせ公約通りにはならないのを知っていて、真剣に特定の候補者を本気で応援する人はいない。議論することで新しいことを知り、より良い政策が推進され、実際の法律を変える直接的な力になるのなら、お互いどのような政策が良いのか自然に話し合うようになる。

【3】政治家（国会議員）と議会（国会）の役割

国民投票の制度で、議員の〝特権的意識〟は薄くなるが、役割はより重要に、より複雑に、より広い範囲に関係するようになる。大きく分けて次の4項目が議員の仕事となる。（1）国民投票の準備、（2）国民投票にかけられる法律についての国民的議論をリードすること、（3）国民投票によって制定された法律の検証、（4）国民投票にかけられない法律についての立法活動。それぞれについて説明していく。

（1）国民投票の準備

まず、国民投票準備に関する仕事である。政策分野ごとにどのような課題が日本の社会に存在するのか整理し、国民投票にかけられるべき政策要望の選択肢を国民に提示する。

有権者は、日常的に持っている政策要望や、メディアから報道される政治情報などとともに、政治家からの情報も参考にしながら、政策要望の投票を行う。どのような課題をどのような優先順位で訴えるのかで、その政治家の立場が判断される。

（2）国民投票にかけられる法律についての国民的議論をリードすること

国民投票にかけられる政策要望（法律）が決まれば、その賛否を国民の前で議論をする。国民投票のための議論は、国民に判断を請うためのものであるから、法案の内容を徹底的に明らかにし、よりよい政策実現のためのものとなる。

今われわれの前にある国会は、審議を通してどんなに問題点が明らかになっても、結果に影響することはほとんどない。与党の内閣が提出した案件で審議以外の他の要因が重なって国会期間内で成立せず継続審議となったり、廃案になったりすることも極めてまれなケースとしてはあるが、質疑応答を何とか乗り切り、議長が採決にまで手続きを進めさえすれば可決になる。野党は法案の問題点を指摘するのに熱心であるが、廃案にできるとは思っていない。単に与党と自党の支持率が気になるだけである。答弁は、具体的でなく尻尾をつかまれないもの、審議のアリバイ作りのため時間稼ぎができる冗長なもの、内容ができるだけ国民に露わにならないものが〝良い〟と思われているようである。真面目に国会中継を視聴していると、腹が立ってくることが多いのはきっと私だけではないはずである。

前国会で大問題となった安保関連法案についても、国民投票にかけて決めるというのであれば、議論の仕方が大きく変わっていただろう。そもそもあのような法案を提出してこなかっただろう。国会内の力関係だけで制定できるから出してきたのである。この問題については、野党は問題点をよく追及し、かなり問題点が明らかにされた。ただ、議論の仕方に関して言えば、国を守る方策について建設的議論がされなかったのは不満である。国民にしてみれば、腑に落ちたということにならないのである。安倍首相の最後の反論は「平和を唱えるだけで平和は守れない」であった。決して法案の合理性を示す発言ではないが、問題点追及の域を出ない議論の限界を指摘している。この点については、本書のあとがきで、憲法の平和主義についての議論で触れたいと思う。

国民投票にあたって、大事な注意点がある。国民が選んだ投票にかけられる法案の間で、矛盾する内容のものが存在することがあり得る。国会はそのことを投票前に国民に明らかにしておかなければならない。そして、矛盾する複数の法案がともに可決された場合のルールを事前に決めておかなくてはならない。ともに否決されたのと同じ扱いにする、従って現状と変更なしということにする以外にはないと思われる。

いずれにしても、国民によりわかりやすく、建設的に議論をする、これが議員の重要な役割である。

（3）国民投票によって制定された法案の検証

本来的に言えば、すべての法案についてその検証が日常的に必要である。とりわけ、投票で決められた法案について、その検証作業を国民の前で大々的に行うのは、国民一人一人が主権者として成長するために特に大切である。国民の総意で決められた法案であっても間違っていることはある。建設的な議論で育った有権者は、間違った選択に気付けばすぐ改めることができる。とてもとても大切なことである。

またまた、余談で恐縮であるが、間違いを即座に改めることができるというのが、民主主義の成熟の指標のような気がする。デンマークの話である。ある獣医師が、養鶏業者が効率よく飼育するために使っていた抗生物質が耐性菌を生み出す原因になっている可能性が高いということを、学会で発表するや半年後には、その抗生物質使用の誤りを認め、法律で禁止を決めた。我が国では、ＨＩＶ訴訟に見られるように、悪いということがわかっていても、企業も政府も10年以上隠せるだけ隠し、長期裁判で争い、しかもまた最近も似たような事件が繰り返されている。

（4）国民投票にかけられない法律についての立法活動

国民投票にかけられる法案は、私の案では、２年間に10数本である。これらの法律は、ある意味で国民主権を象徴する法律になる。しかし、この法律だけでは日々の社会情勢の要請に応えることは到底できない。この象徴的な法律以外の法案は専門家である国会議員によって審議制定されるしかない。象徴的な法律と矛盾してはならないという条件を課せられ、国民投票による法案の隙間を埋めるという位置付けになる。この場合、先に述べたように、国会議員の立場は大変微妙なものになる。常に自分の政治主張を通してよいわけではない。国民投票によって決められた法案との整合性を優先しなければならないから、ある意味で司法的役割も求められる。国民投票の結果が自分の主張と異なる場合は、文字通り公僕として、〝滅私奉公〟しなければならない。もちろん、国民投票で制定された法案とかかわりのない法案については自分の政治信条に基づいて自由に意見を述べ立法活動ができる。与党野党を問わず議員は立場の使い分けが求められることになる。

【4】国会議員の選出方法について

（1）立法行為のためなら二院制は必ずしも必要でない

慎重な立法行為のために果たしている参議院の役割を否定するものではないし、議員の個性も確かに衆議院と参議院では違っていて良い効果を果たしてきていたように思われるが、結局、予算や法案審議において衆議院の優位性があるので（憲法59・60条）、二院を置くという時間的・費用的・人材的贅沢は解消されるべきである。議員数について、衆議院をもっと多くし立法機能を高めたとしても、衆参両院の合計より少なくすれば今より節約ができることになる。

(2) 選挙区について (的外れの〝一票の格差〟議論)

国会議員は地域(県など)の代表ではなく、国全体の政策を審議する委員である。従って、一部の政策分野を除いて全国区から選出されるのが原則である。

比例代表制は、より国民の声を反映しやすいものとして評価されているが、政治家は政党に所属し、有権者は政党単位で支持不支持を決めていることが前提とされている。国会議員の現状はほぼそのようになっているが、国民の支持は政党単位で理解するのがますます実情に合わなくなってきている。ある部分では賛成だがある部分では反対であるという政党しか存在しないという有権者にとって、この投票方法は大きな妥協を強いられるものとなる。

小選挙区は、国民主権という観点からは最悪の選挙制度であろう。死票が多くなり国民の声はより国会に届かなくなる。その上、たった一人の候補者を決める権限が政党の中央幹部に与えられるということになるので、ますます少数の人間に力が集中し国民の声はより反映されにくくなる(比例区でもその点は同じである)。

さらに今、〝一票の格差〟を巡って、憲法違反状態にあることが大問題となっている。議員一人当たりの有権者数が大きく異なるのは不平等であるということである。しかし逆の意見もある。人口比だけで議員定数を決めたのでは地方の声はますます国政に反映できないというのである。一人も議員が出ない県があればそれも不平等であるという主張である。

議員がどんな役割を果たすのかという原点に返って考えれば、ほとんどの議論が的外れであると言わなければならない。議員は「・・・全体の奉仕者であり一部の奉仕者ではない（憲法15条）・・・」からである。国の政策を考える以上、地域の代表という基本的考え方がそもそも間違っている。

議員は政策分野ごとに定数を決め、全国区で選出されるのが合理的である。その政策分野について優れた資質を持った人物を選ぶのが良い。一票の格差はもちろん是正されなければならないが、都道府県をベースに選挙区を考える以上、現状のような極端な不平等は解消されたとしても（それさえ一向に解決されてないが）必ず不平等は残る。アダムズ方式を用いるか否か大騒ぎされているが、大した問題ではない。格差2倍が悪くて、1・5倍ならば良いということにはならない。小選挙区制の非民主性が一票の格差の問題にすりかえられ、またその上に、アダムズ方式か否かという問題に矮小化される。何か取り組んでいるというアリバイづくりにしか思えない、狡猾極まりない政治劇である。

全国区が原則的には合理的であると思われるが、全国的に名の知られた人物が首都に偏って住んでいるという現実を考えると、全国を7～8の地方に区切って、人口に比例した定数を政策分野ごとに決めるのも現実的な次善の策かもしれない。

ただ、国土保全・地方行政に関する議員は、人口には関係なく各都道府県から1名ずつ選ぶ。この分野の議員は地域の問題を解決するために国の立法行為にかかわるという性格付けである。国の地方行政が都道府県の地域割りをベースに行われているので、地域ごとに代表を国会に送るのが合理的である。

立候補者は、国の全般的な政策と自分が立候補する政策分野の政見を国民の前に示して選挙される。有権者は、政策分野ごとに票を持ち、8政策分野なら8票を投票できる。選挙区ではなく政策区と呼ぶべきである。

(3) 大臣の選出（首相のイエスマンばかりはいらない）

議院内閣制の基本的考え方は残すことにしたい。内閣総理大臣は、全議員の中から立候補者を募り、全議員の選挙で決める。ただ、各政策分野の大臣については、現状は総理大臣の任命で決められるが、その政策分野の議員の互選で決めるように変えたい。その政策分野の議員の中でその分野で最もふさわしいと思われる人物を選ぶ方法を採用する。総理大臣と大臣で国の行政の頂点にある内閣が組織される。

総理大臣の任命で大臣が決められる現状では、閣議において民主的で活発な議論が行われるのは困難である。また、なぜこの人がこの分野の大臣になっているのか理解に苦しむような人選も多々見受けられた。この原稿を書いている短い期間にも、歯舞（はぼまい）が読めない・・・北方領土担当大臣、また、放射能汚染に無知なだけでなく、放射能汚染を心配する人々を〝反放射能派〟と呼び敵対する環境大臣が話題となった。ことさらふさわしくない人物を選んでも、このようなことが頻発する確率は小さいはずである。開いた口がふさがらない。

互選で大臣を選べば内閣の統制がとりにくくなるという心配があげられるが、それは短所というよりは長所であるとも考えられる。任命・罷免権を首相に握られたイエスマンばかりでは議論にならない。議論を戦わせながら団結を壊さず、様々な意見を持ち寄りより高いレベルの結論を得るというのが民主主義のエッセンスである。内閣の組織運営こそ、民主的であらねばならないのである。ボスの言いなりになり個々のメンバーは何も考えないというのも、意見が違うからと言って組織的動きができないのも、ともに集団を形成し知恵を育みながら進化してきた人類のすることではない。

【5】政党の現在と未来（正解のない〝選択肢に〟？）

明治時代、帝国議会開設をきっかけに政党が作られ、第二次世界大戦後、国会が「・・国権の最高機関・・」と位置付けられるようになって、政治の中核を担う存在となり、今や政党を介さず政治を語ることはできない状態である。政治家は、自らの政治信条を実現するためには政権を担当しなければならないと考え、議会の中で多数派を占めるため同じ政治信条を持つ者どうしが集団を形成している。

国民主権が実現した、高度に民主主義が発達した社会で、政党はどうなっていくのだろうか少し考えてみたい。結社の自由はもちろん尊重されなければならないので、どうなるべきかではなく、自然の流れとしてどうなっていくかを論じたい。

一口に政党と言っても千差万別であるのは、日々のニュースからわかりすぎるほどである。長い歴史を持ち、現代社会を表面的な政策や制度といったものよりもっと深い部分まで分析し、ずっと先の社会の在り方についての思想を持っている政党もあれば、当面の政策課題で結び付き、また当面の課題で意見が割れ、短期間で生成消滅を繰り返している政党もある。この原稿を書いている短い期間にも、政党の生成消滅が起きた。その理由は、その党の綱領を読んでみればわかることが多い。現代社会をどのように分析し、どのような社会に変革しようとしているのかが書かれている。政党を評価するのが本書の目的ではないが、どれだけ深く広く現代社会を見て結び付いているのかによって、党員の絆の強さが決められるのは理解しやすい。現代社会の表層部分を見て同志となっても、表層部分は変化しやすいので、同志である期間が短いのである。

少し話が本筋から逸れるが、ぜひ各政党の綱領や基本政策を読み比べてみてほしいと思う。一般国民にとって政治教材の一つである。私自身が読み比べてみて注目した点を三点あげてみたいと思う。

まず第一点は、現在圧倒的多数を占める与党自民党と少数野党共産党の綱領上の正面衝突である。

自民党綱領（2010年）は、「我が党は『反共産・社会主義、反独裁・統制的統治』と『日本らしい日本の確立』の2つを目的とし・・・・立党された」という冒頭の文章から始まり、最初の数行を共産主義・社会主義への批判に費やしている。また、『党の性格』という基本文書には「我が党は特定の階級・階層のみの利益を代表し国内分裂を招く階級政党ではなく、国民全般の利益と幸福のための・・・・政党である」と書かれており、階級的な社会観を否定することを第一義的な課題としている。

日本共産党の綱領には「・・・日本独占資本主義は・・・日本政府をその強い影響のもとに置き国家機構の全体を自分たちの階級的利益の実現のために最大限に活用してきた。・・・・（労働者は）大企業財界の横暴な支配の下（に置かれ）・・・違法の搾取方式まで定着している・・・・」と書かれている。労働者は大資本に搾取されており、政府をはじめ国家機構が日本独占資本のために利用されているという認識から、この状態の変革を第一義的な課題としている。

様々な政策でぶつかりやすい両党であるが、対立の深さが理解される。一方は、この世は搾取する者と搾取される側に分かれていると見、一方はそのような階級的な見方を否定することを目的としているのである。例えば、当面の経済政策についても、大企業の経済活動を活発化し利潤を増やすことで労働者の賃金を上げることが可能となるというのが自民党内閣の基本的姿勢であり、もちろんこれは大企業から大歓迎されていて、自民党への政治献金はどんどん増えている。共産党は、労働者の賃金が抑えられ、消費能力が低下していることが長引く不況の原因であるとして、大企業による搾取強化に反対することが基本姿勢である。いずれにしても、政界の〝ひとり横綱〟自民党が、番付ではずっと下の少数野党を意識していることは、興味深い。

第二の注目点は、環境問題についての見解である。この問題について、綱領で理論化するほどの深い認識を持っている政党は見当たらない。全く触れてないというのではないが、どの政党も、従来の自らの党の考え方の範囲内でしか環境政策を位置付けていない。私は、環境問題解決のためには新しい思考の枠組みが必要だと考えている。人間社会内部の利害対立としてのみとらえるのではなく、内部に利害対立を抱えた人間社会全体と、人間外の自然の間の矛盾として、二重に重なった矛盾であるととらえる必要があると考えている。従って、解決のためには、人間どうしの利害の対立の解決と同時に、人間による自然改造力の発展の制限、生産と消費の抑制がともに必要であると考えている（『経済学の生産力概念と環境問題』〈えんとろぴい第36号　1996年〉『SD《サスティナブルディベロップメント》の概念をどう評価するか』〈日本の科学者Vol 29〉東道利廣）。

私にとっては、共鳴できる政党はどこにもない残念な状態にある。景気対策を論じるとき、どの政党も、結局は、生産と消費の拡大、生産力の向上などは、すべて肯定されるべきものとして認め、経済成長率を上げることを目標としている。しかし現在、地球環境はそのような経済成長に耐えられない限界を通り過ぎている。ゼロ成長、場合によってはマイナス成長でなければならない時代になっている。

なぜ毎年経済成長が必要なのか。昨年と同じ生産量・消費量であってはいけないのか。それは、単なる最初の設定の間違いを引きずっているだけである。金融や社会保障など、あらゆる制度を一定の経済成長を前提に設計し、それが不可能となっている現在も直すことができないでいる。個人であれ、企業であれ、毎年同じ所得収入・消費支出額で悪い理由は、本来的にはどこにも存在しない。進歩は、技術の開発、生産物の質的向上で達成し、個人としての豊かさは、消費量ではなく消費の質で達成し、企業としての競争力は生産量の増大ではなく、製品の質、技術の進歩で獲得すればよいのである。化石燃料エネルギー使用量を減らし、原子力発電に頼らず、生産量も消費量も増やすことなく実現できる、質の高い豊かさを目指す時代となっている。

二酸化炭素の放出の増大による地球温暖化と異常気象の頻発、自然の物質サイクルに調和しない化学物質の危険性、大量生産大量消費で発生する大量のゴミ、大量の処理できない危険な放射性廃棄物の永久的〝管理（リスクのため込み）〟、あふれんばかりの使い捨て商品に埋もれることから生まれる心の荒廃、これらのことと決別する時代となっている。生産力と呼ばれる、人間の自然に働きかける能力について真摯に見直し、生産・消費の縮小と豊かな国民生活の両立を目標とした、全く新しい世界観が求められる（思想史の研究者によれば、産業革命の直後、このような思想の流れがあったらしいが、確固とした思想の流れを形成することはできなかったということであった)。どの政党も、このような現代的な課題に正面から取り組む綱領は持っていない。

第三の注目点も残念な点である。ほとんどの政党が代議制の非民主性を根本的な批判の対象にしていない。ただ、参議院の会派「日本を元気にする会」が、基本政策に次の三点(特に①と③)を挙げているのは注目すべきである。①国民投票による直接民主主義型政治への転換　②国民の集合知を生かす提案型政党の確立　③政策を国民が優先順位付けできる仕組みの構築。短い文章からだけでは詳しい内容を知ることはできないし、民主主義の根本問題として代議制に強い批判を持っているのかどうかも判断できない。選挙という制度に根本的疑問を投げかけ、新しい制度の実現を目指しているのであってほしいと願うばかりである。

話を本筋に戻そう。政党が将来的にどのようになっていくのだろうかと考えていた。多くの人が信じて疑わないように、政党によらなければ政治的変革は不可能なのであろうか。党派闘争を行うという形でなければ社会変革は不可能なのだろうか。本来の形で国民主権が実現されたとしてもなお、政党によらなければ社会の政治的変革ができないという理由はどこにあるのだろうか。国民一人一人の意見で政策が決められるとすれば、一つの思想から導かれる厳格な政策のセットを持った強固な組織としての政党の存在理由はどこにあるのだろうか。「社会契約論」の中でルソーは、徒党を組むことについて否定的な見解を示している。

国民の数だけある多様な意見が、徒党ごとに集約されてしまって、全国民の投票で得られる結果の一般性（正しさ）が損なわれるという理由からである。

現在の政党の役割であるが、まず、第一に国民の政治学習に良い教材を与えてくれる。国民の前で異なる考え方を発表し合うことの意義は大きい。

第二に、今の政治制度で自分の主張を現実化しようと思えば、多数派を形成して内閣を組織しなければならないので、多数派を占めるためには、徒党を組むことは必要なことであると考えられている。

ただ、政党としても時代の変化とともに常に新しい考え方が求められるが、時代に応えながら組織を守っていくのはかなり困難な課題であると思われる。いろいろな政策に対する賛否、変化への新しい対応の仕方というのは、大きな組織であっても十分議論すればすべての党員の間で最終的には一致するというのが自然な成り行きなのだろうか。それとも、ある時点では一致していたはずの党員であっても、同じ意見を持ち続けるのは期待すべきことではないということになるのだろうか。この答え如何で政党がどうなっていくのか左右されそうである。小異を捨てて大同で集まるというのでは、結党の意味は無くなるはずである。

有権者の立場から考えてみると、この点がもっともっとクローズアップされる。前にも述べたことであるが、選択する立場からすれば一つの政党を選ぶということは、パターン化された政策のセットを選ぶことになる。政策のセット、現状認識、未来像などすべてに賛同している人を支持者ということにすれば、支持政党なしの人の割合はもっともっと多くなるだろう。最初に紹介した参考資料から計算しても、政策で賛成する人を党の支持者とすれば、最大勢力の自民党さえ支持者はごく僅かになってしまう。有権者の考え方は、ますます多様化するのか、逆に、決まったいくつかのパターンに収束するのか。どちらが必然的なのだろうか。それによって、有権者にとっての政党の存在意義が決められる。有権者の考え方がますます多様化するのであれば、政党は、あてはまることのない選択肢という存在に成り下がってしまう。

また余談になってしまうが、ちょうどこの原稿を書いているとき、アメリカの大統領の候補者選びの選挙が始まった。自由と民主主義を掲げて建国され、フランス革命など世界に大きな影響力を与え続けてきた国は、二大政党制に落ち着いてしまった。ルソーが社会契約論の中で徒党を組むことの弊害を指摘した、まさにそのことが顕著に表れているのがこの国である。国民の中にある多様な政治的考え方がたった二つの政党に集約されてしまうのである。どちらの政党とも違う意見を持っている人はたくさんいるはずであるが、そのような人はどのような気持ちでいるのだろうか。大統領選挙が大きなイベント扱いされるアメリカ特有の盛り上がりの中で、有権者が自分の行っている妥協について冷静に見つめることを忘れなければ良いと願うばかりである。ただ、特に今回の大統領予備選挙は、民主党、共和党ともに、異色の人物サンダース氏、トランプ氏が旋風を起こしている。例えば、サンダース氏は民主党の現オバマ政権と違った政策も訴え、自ら社会民主主義者と称している。政党の数が少ない分、政党内部にいろいろな潮流があることで補われているのだろうか。トランプ氏については、あのような自由と民主主義に反する乱暴な主張に、多くの有権者がよくぞ本音を言ってくれたと熱狂している姿を見ると、ソクラテスが古代ギリシアで民主主義に対して抱いていた不安がよぎってしまう。アメリカの制度は、健全な主権者を育てるという意味で、必ずしも成功していないのではないかと思われる。

話を元に戻そう。政党についての極めて実際的な弊害であるが、議論の仕方について、党派の代表者どうしの議論の場合、建設的な議論になりにくいのは事実である。純然たる個人として議論しているわけではないので、党派の主張を頑なに守ることが優先され、議論の進展に応じて相手の言い分を取り入れたり自らの主張を訂正したりということができにくいからである。議論の開始時と終了時でお互いの意見が変化しているのを見たことがない。ほとんどが、言い合って終わりの、生産性から言えば時間の無駄である。国会での議論、報道番組での党派の代表者の議論の現状を見ればよくわかることであるが、どんなに矛盾を突かれてもお互いに自らの誤りを認めることはない。議論で不利になりそうな場合は、はぐらかし、かみ合わない議論に逃げ込み、平行線で終わらせようとする。何かを生み出すつもりで議論しているわけではない。自然科学者の議論と全く違う。自然科学者は、真理を見つけるためにお互いが持っているアイデアを交換し合う目的で議論する。深く突っ込んだ議論ができれば相手のアイデアを自分のものにでき、より深い認識に達することができることになる。そして、そのことを大切にする。目的は真理を極めることであり、相手を言いくるめても誤りが真理に変わることはないことをよく知っているからである。政治の議論もそうあるべきである。

政党の未来について、予想するのはこれで終わりにしたい。国民主権が実のある制度として整い、政策を直接国民の意見で実現できるようになれば、妥協をしてどこかの政党の政策セットを選ぶ必要がますますなくなるのではないだろうか。そして、国民が政党単位でなく政策ごとに選ぶようになれば、選ばれる政党の側も、わざわざ小異を捨てて組織を保つ必要が無くなるのではないだろうか。とにかく、大切なのは、国民が主権を発揮（政策を決定する）できる場面をいかに増やすかということであり、その先は自然の成り行きで必然的な方向に変化していくだろう。

あとがき

問い続けよう「民主主義ってなんだ」

18歳選挙権実施にあたって、選挙という制度を、無批判的に若い世代に引き継ぎたくないという思いから、急に本書を書くことを思い立った。民主主義を実現するための切り札のように私たちに与えられている選挙という制度が、実は、民主主義のためにはいかに不十分なものであり、ある面では非民主的であるかを述べてきた。議会に期待を抱きすぎてはいけない。ましてや、すべての活動を議会内の力関係に集約しようというのは、国民の声を狭いところに封じ込めるという罪を犯すことにもなってしまう。

もちろん、民主主義に完成形はないので、社会を形成して生存していく人類には、不断の変革が必要である。歴史の流れの中で見る限り、現状を全否定することも大きな間違いであることも述べてきた。大きな進歩の末にここまで到達しているとみるべきである。ただ、私たちにとって避けなければならないのは、現状が不変のものとの思い込みから、思考停止になることである。とらわれのない目で現状を見て矛盾を感じたら、それを屁理屈で押し隠し心の奥底に沈殿させておかないことである。矛盾をはっきりと認識することからしか変革は始まらない。

18歳からの選挙権ということで、学校教育の中でも選挙についての取り組みが行われたという報道が頻繁に流される。政治的無関心を克服する目的で、模擬投票などの取り組みが紹介され、「今まで政治に無関心だったけれど、今日の取り組みで選挙の大切さがわかった。ぜひ、自分の一票を大切に使いたい」というような若者の感想が紹介される。また、中には、〝顧客目線を取り入れた〟選挙PRのアイデアを若者に考えさせた取り組みが、なにか大きな成果のように紹介されるというようなピント外れも行われている（テレビ報道）。投票の呼び掛けを客の呼び込みのように考えているのだろうか。若者には、初学者ゆえのみずみずしい感性を期待する私としては、とても悲しい気持ちになってしまう。知識の少なさは若者の特権でさえあるから全く責められることではないが、自分の目の前で行われていることに順応するだけでなく、自分なりの先入観のない感性で判断する気概が欲しい。国民の声が反映されない、選挙による政治が目の前にある。「民主主義ってなんだ」と問われている時代の課題を敏感に感じてほしい。

日本国憲法と安保条約

これからの日本社会を作っていく若者にぜひ期待したいことを最後に述べて、本書の締めくくりとしたい。我が国の基本法「日本国憲法」について、全面的に検討してほしいということである。

一般的に、よりよい社会の建設のためには新しい憲法が必要であり、本書で述べてきたような直接民主主義的な道をつけるためにも全面的な憲法の書き換えが必要である。この課題は一刻も早く達成されなければならない。それは、日本国憲法が、〝最初のボタンの掛け違い〟から瀕死の重体にあるからである。

戦争に対する深い反省、民主主義へのあこがれから、国民の大いなる歓迎をもって生まれた素晴らしい憲法が日本国憲法である。ただ、十分時間をかけて国民が自らの手で練り上げて誕生させたものではない。当時のアメリカの世界情勢認識の元、その意向を強く受けて作られた。もちろん、現憲法の果たしてきた役割、憲法を守る運動の果たしてきた役割の重要さも十分認識している。しかし、無視されている条項が少なくないのも事実である。憲法15条については前述した通りである。65条、89条も守られていないと指摘されている。

憲法違反といえばまず9条が注目される。率直に判断して、憲法9条が守られていると考えている人はどのくらいいるのであろう。最初GHQから示された草案にはもっと明確に「・・・自国の安全を守る手段としての戦争も放棄する・・・」となっていたようであるが、自衛のための戦いは可能と解釈の余地を残すために、少し表現を変えたという経過があるらしい。歴代内閣は、極めて細い解釈の道をつなげて、自衛隊が合憲であるという立場で政策を推進してきた。屁理屈をこねたりすることのない国民ならば誰が読んでも、日本は軍隊を持たない、どんな場合でも戦争はしないのである。そして自衛隊は軍隊なのである。（法律学者の約7割が憲法違反と認識)。

日本国憲法制定の立役者アメリカが、制定数年後には世界情勢の見方を変え、日本にも軍隊を持たせる必要があるとの認識に立ったことで、現在のような政策が進められてきた。9条が瀕死の状態にある理由は、アメリカの世界情勢認識の変化に振り回されたことにある。とりわけ、憲法公布5年後に結ばれた日米安保条約によって、日本国憲法の平和主義は大きなダメージを受けた。

平和を願う不戦の精神が根こそぎ揺さぶられた。朝鮮半島やベトナムなど世界中いたるところで戦争を繰り返してきた米軍の基地が日本国内に多く作られている。不戦の憲法を持った国が、戦争を繰り返す国の軍隊の基地となっているのである。しかも、米軍基地は日本国民に多大な危険を強いている。とりわけ基地の密集する沖縄県民にはそうである。「・・・全世界の国民が・・・平和のうちに生存する・・・」ことの尊さを高らかに謳い上げた憲法を持つ日本国にある軍事基地が、罪もない多くのベトナム国民を殺害するために使われ、今も沖縄県民を苦しめている。この事実を前になんの矛盾も感じない人がいるだろうか。

安倍首相の、「安保条約も自衛隊もかつては国民に理解されない存在であったが、今はそうではない」という国会での発言の問題点は、前にも取り上げた。日本という国の首相がこんな認識で良いものか、驚きと怒りに耐えない。安倍首相には「今あなたが普天間基地問題で沖縄県と裁判までして争っているのは、安保条約がいまだに国民に理解されていないからである」と申し上げたい。沖縄の普天間基地の移転問題はまさに安保条約の問題そのものである。日本の基地問題での苦難はすべて安保条約に原因がある。米軍基地が沖縄に密集しているのは、アメリカの軍事戦略からである。アメリカの思うままに基地を作り運営する（しかも〝思いやり予算〟という名で、日本に少なくない額の支出をさせている）。日本政府はアメリカに苦言を呈する〝ふり〟はできても、本気で物申すことなどはない。核兵器が日本に運び込まれても国民には隠し通す。日本の自衛隊もアメリカの軍事戦略の補完のためにます出番を求められ、言われるままに自衛隊の活動範囲を広げてきた。前国会の安保関連法案で、自衛のためだけではなく、条件付きではあるが日本人を〝守る〟アメリカ軍を応援するためにも自衛隊が戦えるということが認められ、さらに自衛隊の活動範囲が広げられた。このような日米関係がすべて安保条約によって形作られている。

何といっても、安保条約の最も深い罪は、日本の国に、平和を守るための独自の不断の努力を忘れさせていることである。アメリカの軍事力に頼り、その戦略に忠実に従うことで国を守る道を選んだ歴代日本政府は、日本にふさわしい平和を守る独自の戦略を立てる努力を放棄してきた。

日本国憲法の平和主義（戦力を持つリスク持たないリスク）

戦力を持たずに国を守るのは大変困難な課題である。いつの時代でもそれが可能というわけではない。例えば、江戸時代の幕末期、ペリーの黒船が日本に押し寄せてきた時代には、無理であっただろう。国際〝社会〟というものが形成されていないので、外交は一国対一国で行われ、力で物事を押し通そうとする軍事大国の横暴を制御する方法がないからである。圧倒的軍事力の差がある場合、正当な理屈が通じない軍事大国の無理難題を断ったとき、その国がどんな目に遭わせられるか。民族全体が滅ぼされたり、植民地にされたりということが世界史の中で起きてきた。戦力を持ち、反撃されることのリスクを相手国に感じさせる抑止力がなければ、打つ手はなかったのである。

幕末から明治にかけての日本は、時として相手の無理な要求を部分的に受け入れ、時間稼ぎをする間に相手と戦える力を短期間で準備するという戦略をとった。江戸時代の文化・技術が、欧米の技術を取り入れることが可能なところまで発展していたからできた（『江戸の産業ルネッサンス』小島慶三）、ある意味で綱渡り的、奇跡的な時代の乗り切り方であった。

ところで、現代はどのような時代なのか、日本国憲法が掲げた崇高な理想が可能な時代になっているのだろうか。中米に位置するコスタリカは、私の知る限りでは、「戦争はしない、軍隊は持たない」という憲法を持ち、実際にそれを貫いている唯一の国である（美しい海岸の国、自然豊かな昆虫の国、充実した教育制度を持つ国コスタリカも戦争の惨禍を経験し、その反省から不戦の憲法を制定した）。日本でもそれが可能なのか。

正直言って、この問題に絶対的自信を持って答えられる人はいないと思われる。1946

年、憲法論議の国会で共産党の野坂議員が主張したように「侵略戦争のみを放棄すればよいのであって、自衛のための戦いまで放棄する必要はない」という意見ももっともである。特にアジアでは、理不尽な行動を平気で行う強欲な軍事大国、なんの理性的コントロールも効かない国が存在しているのでなおさらである。また一方、当時の首相（自由党総裁）吉田茂が答えたように、「近年の戦争の多くは国家防衛の名において行われたことは顕著な事実であり、・・・正当防衛権を認めることが戦争を誘発する・・・」のも歴史の事実である。現在の両党の主張と違っているのは興味深いがそれはともかく、軍事力を持つのもリスク、持たないのもリスクである。

私は、軍事力を持たない方向に進むべきであると思う。それは、どちらの道を選んでも困難がつきまとうとしても、軍事力に頼らない方法が、常に価値ある創造的活動につながるからである。技術の平和利用、国際〝社会〟機能の増大、新たな平和維持制度の創出など、いろいろな分野でさらなる進化がなければ達成できないから、時代をその方向に進めることができる。軍事力による防衛力増強の方法は、もっぱら殺りく兵器の威力を増すことに尽きる。平和を維持するためには、相手に負けない軍事力が求められるので、管理しきれないほどのリスクを永続的に溜め込まなくてはならない。平和な時代にもリスクを溜め込まなければならない。今、世界中にある16000発の核弾頭は溜め込まれたリスクの象徴である。

現在、平和を願っている国のほとんどが自衛のための軍隊を持っている。軍隊の抑止力に頼って防衛しようというのは世界の常識なのである。しかし、この常識も正しくはなかったということがすでに証明されている。軍隊が、実際には抑止力にならないどころか、二度にわたって世界戦争を起こし、人類に最大の不幸をもたらした。現在あちらこちらで起きている戦争は、武器（抑止力）を持っている国どうしの戦いである。武器による抑止力に頼る道に入ると、待っているのは、軍事力開発競争のドロ沼か、戦争の惨禍のどちらかである。

平和主義を生かす道の創出（国民が豊かになることの意義）

日本国憲法の崇高な平和主義を実現するためには、次の3点での戦略が必要である。

第一に必要なことは、それにふさわしい世界の人々との付き合い方をすることである。基本は、国際社会の熟成を目指し、そのために日本が率先してそれに貢献するということである。私たちが、他人を殺傷してはならないというルールを持っているのは、殺傷すれば殺傷されるからではない。集団で社会を作り、その社会を大切にしてお互いが支え合って生きる道を選んだ人類なればこそ、個々の構成メンバーを大切にしなければ生きていけなくなるからである。集団を構成するメンバーが健やかであり集団が繁栄することが、個々のメンバーが健やかであることの必要な条件である。それが〝社会〟である。国の集団における〝社会〟性の象徴は国連であろう。ただ、その〝社会〟機能は未熟であり力を発揮できていない。ノーベル平和賞を受賞したEUはその点で先進的試みであると思われる。もちろん多くの困難があるのでこの先どのように変化していくのか私には予想できないが、かつては争いを繰り返してきたヨーロッパ諸国が、ヨーロッパは一つということで、お互いの健全な発展がお互いの発展にとって必要であるということを基本理念として〝諸国社会〟を成熟させる努力をしている。最近では、経済危機に陥ったギリシアの負担を他のＥＵの加盟国が分担している姿が印象に残っている。ＥＵという集団の社会性を抜きには理解できない出来事である。この原稿を書いている間にも、イギリスのＥＵ離脱問題が報道されている。イギリスは国民投票で離脱か否かを決めるのである。今回の結果がどのようなものになるかはともかく、諸国〝社会〟の熟成が世界平和の鍵であることには間違いない。それにしても、大切なことを国民投票で決められるのは素晴らしい。このような経験を繰り返すことで、主権者は育つのである。日本でいえば、安保条約の維持か破棄か国民投票で決めるのと同じようなことを、イギリスでやっているのである。

日本は、まず東アジアの〝諸国社会〟を成熟させるために率先して努力しなければならない。東アジア諸国が、お互いの存在がお互いの存在にとって必要であるように、相互信頼関係を作ることである。自国の利益だけを主張し合えばそれは不可能となる。平気で理不尽な主張を繰り返す強欲な軍事大国、民主主義の全く通じない国が蛮行を繰り返している現状を見れば、前途の多難さは図り難い。相手の無理難題はきっぱりと断りながら、少しずつ相互信頼関係を築き上げていかなければならない。もともと相互依存関係がなければ、相手の蛮行に対して制裁措置をとったところで効果は少ない。お互いに踏み込んだ相互信頼関係の構築がどうしても必要なのである。とりあえず、日本の得意な分野で、人道的な支援を、惜しげなく東アジア諸国に提供することから始めればよいと思われる。ほんの一例でしかないが、日本では供給過剰で生産調整に少なからずの国の予算を使っている米（減反政策はやめたと政府は発表したが、今も似たようなことをしている）は、食料で困っている諸国に大量に提供すれば喜ばれる。無駄な生産調整などしなくても、日本で消費しきれない物資を気前よく提供すればよい。他にも似たようなことはいろいろ考えられると思われる。とにかく、日本の存在がアジア諸国の人々にとって好ましいものであり、頼りにされるような状態を、できるだけ負担を生まない方法で作り上げることである。軍事大国ではなく、物資や技術や文化の提供大国になるべきである。ＯＤＡ（政府開発援助）よりもっと直接的に広く東アジア諸国の人々に届くような方法を真剣に考えることである。軍事費に多額の予算を使う代わりであると思えば安いものであり、一石何鳥にもなる良策である。

第二に、重火器やミサイルを搭載した自衛隊の戦艦の代わりに、一切重火器を積んでいない（護身用のピストル程度）海上保安庁の巡視船をもっともっと増やすことである。現在、海上保安庁は職員数約1万3千人で、巡視船艇は454隻となっている（うち127隻は兵器を装備した巡視船）。領海の広さに対して、機動的に場所を変えて活動できる巡視船の数があまりにも少ない。重火器の代わりには放水銃、ミサイルの代わりにカメラと情報発信装置をもっともっと完備させる。例えば、中国の軍艦が領海侵犯を繰り返す可能性があれば、その場所に巡視船を多く集結させガードする。そして、時々刻々中国船の行動の実映像を世界中に発信し続けるのである。ニュース報道などで知る限り、侵犯しようとする中国船の数に対して、ガードする船の数があまりにも少ないように思われる。平和憲法を持った国にふさわしく、武器を一切持たない代わりに世界一の情報発信システムを構築するのである。何でもやりかねない国でも、世界中に流される映像の中で、全く武器を持たない巡視船にミサイル攻撃を仕掛けるようなリスクは犯さない。武器を持った戦艦ではなく武器を持たない巡視船でなければならない。相手の戦艦に対してこちらも戦艦で応じれば、危険性が限りなく高まる。

まったく道理の通じない軍事大国が日本に戦争を仕掛けるチャンスを窺っていたとしよう。そして、領土を奪いたいと戦艦で大挙して我が国に押し寄せたとしよう。我が国の戦艦がそれに対峙したとすれば、もう相手の思うつぼである。相手が攻撃を仕掛けてきたとすれば、日本の戦艦はどうするか。絶対応戦しないという方針ならば戦艦は不必要であったことになり、武器を持たない巡視船でガードしていた方が良かったことになる。場合によっては応戦するという方針であれば、相手が執拗に攻撃してくれれば応戦するだろう。そして、一度戦争状態になれば、戦争を仕掛ける国が常に用いる常套手段が使われる。かつて日本軍も日中戦争を始めたときにそうしたように、相手が先に仕掛けたように事件をデッチ上げるのである。

仕掛ける国は正しさを証明する必要はなく、ただ水掛け論にすればよいのである。もともと国際正義を貫こうというような意図はないのだから、相手が先に仕掛けてきたと言い張ることができれば十分である。

もともと相手が戦争を仕掛ける意図がないときは、もちろん武器を持たない巡視船でガードするのがふさわしい。応戦の必要はなく、映像を世界中に発信し続ければよいのである。戦艦を出動させて危険性が高まる可能性はあってもうまくいく場面はほとんどない。

単なる一例を述べただけであるが、領海だけでなく領空でも考え方は同じである。武器を持たない船や航空機を使った国境警備方法を、世界に先駆けて工夫し開発しなければならない。平和憲法を活かした防衛策を工夫しなければならない。安保条約はこのような創意のいる課題に取り組む努力を放棄させた。不名誉なことであるが、日本の防衛関係の情報システムの脆弱性は世界的にも有名であると言われている。

次の第三の点は最も大事である。平和国家の国民はより幸せになれるということを実際に示すことである。軍事費を使わない分、その予算を国民生活が豊かになるように有効に使うのである。軍事費を教育や福祉や新しい時代にふさわしい産業の開発などといった国民生活の向上にかかわる分野に回すことができる。

自然災害への備えが特に大切な日本においては、本格的災害救助隊を創設し充実させなければならない。自衛隊を解散させ、武器をすべて救助のための装備に替えるのである。23万人の自衛隊員はすべて、国を守るという目的は同じでも武器を持たない任務へ変える。一部は、海上保安庁、一部は領空警備、一部は災害救助隊・・・というように、日々必要とされている任務に配置する。国を守ることにやりがいを感じている多くの隊員に歓迎される場合もあるだろう。洪水災害などのときに活躍する自衛隊にあこがれて入隊した人もいるだろう。自衛隊の中には現在でも災害救助のための部隊があり、大規模災害のときは任務にあたられている。救助活動のニュース報道を視聴しながら、救助に尽力される隊員には敬意を払いながらも、やはり、もっともっと災害救助の部隊が大きくなくては間に合わないのではないかと思うことがある。阪神大震災のときは、道路交通がマヒしてしまって、状況が全く把握できていない時間がかなり長かった。偵察用のヘリコプターを何機も持っておれば、対処の仕方が変わっていただろう。また、初期の消火活動が交通マヒのため全くできなかったことも被害の拡大につながった。空からの消火活動の準備が整っていれば、もっと被害を少なくできたのではないだろうか。人数的にも、装備的にも現在の何倍にもパワーアップした、本格的災害救助隊の創設が求められている。

中国では軍事費の伸びが年10%を超えている状態がずっと続いてきた。理不尽を軍事力で通そうとする限り避けられない宿命である。その負担は必ず中国国民にかかってくる。一例であるが、中国の国民医療の現状を示すのが、医師や病院関係者と結託して、不法なルートで診察整理券をあり得ないほど高額な値を付けて売りさばいているダフ屋の出現である。医療機関の少なさから、正規の方法では一日並んでも整理券が手に入らないことがあるという医療事情が背景にある。このような状態が続けば、必ず国民の不満が膨れ、それを抑えるため言論の統制も強化される。また、ソビエト連邦が崩壊した理由の一つが国家予算の3割を軍事費に使ったことであると言われている。何も価値を生み出さない軍事費にそれだけの予算を使えば、ゆがみが生じるのは当然のことである。軍事大国の国民は決して幸せになれない。

これは他国の問題ではなく日本の問題でもある。平成27年度の当初予算では、約5兆円(GDPの約0・94%　国家予算の約5・2%)が防衛関係予算案として計上されている一方、例えば、保育所に対する予算は6200億円(GDPの約0・11%　国家予算の約0・64%)であり、OECD加盟30か国の平均よりもはるかに低い。今、保育所の不足による待機児童の増大から「保育園落ちた・・・仕事辞めなければならなくなった・・」という母親の叫びが日本中に広がっている。戦力を持たないことを憲法で決めている国の防衛予算が5兆円にもなっている一方で、保育所不足が放置され多くの母親が育児のために仕事を辞めざるを得なくなっている。これは、軍事大国の抱える矛盾に他ならない。

平和国家の強みは、国民が豊かで安心した暮らしができることである。それが軍事大国に対する最も強力な対抗策である。それを成し遂げて、軍事大国の国民からうらやましがられるような暮らしを実現することが、世界を平和に導く道である。

周辺国が軍事力を増大させているから、我が国も軍備を増強しなければならないという時代遅れの抑止論では、軍事大国の悪いところを後追いしているだけである。軍事費への支出はリスクの蓄積、それを国民生活のために使えば豊かさの蓄積となる。

テロには平和主義で（「弱肉強食全滅」のグローバル化にストップを）

平和主義の大切さについて、あと一つだけぜひとも述べておきたい重要なことがある。国際的に増大するテロの脅威の問題である。世界という〝国の社会〟が未成立であること、というより病んでいることの表れである。グローバル化の掛け声で進められているのは、世界中の国々を一つの社会の構成員として大切にしようという動きではない。世界中でより自由に経済活動をできるようにし、経済大国が未発達の国を相手により大きな利潤を得ようという動きである。経済大国には富が集中し、未発達の国には貧困とその国の伝統的生活様式の崩壊がもたらされる。〝世界という社会〟を維持するためには、すべての国が健全に育っていかなくてはならないが、グローバル化の波は、強国が弱国を食いつぶす波である。そして、実は、食い尽くした後には、食いつぶす相手がいなくなるので、強国と言われていた国にも破滅が待っている。今、人類は「弱肉強食全滅」の道に踏み出している。

肉食動物が草食動物を餌としている世界は「弱肉強食」世界と呼ばれている。正しくは、「弱肉強食共存」世界と表現すべきである。進化の中で生き延びてきた種は、餌となる種を食いつぶすことはない。お互いが共存するためにバランスをとることができる種が進化の中で生き延びてきたのである。「弱肉強食全滅」の道を改めることができるかどうか、人類に与えられた知性という能力が人類の存続に役に立つものなのか試されることになる。

経済大国の多くは軍事大国でもある。経済的にも軍事的にも劣っていて、食いつぶされようとしている人々が、もし反撃できる方法があるとすれば、国を挙げての戦争などというものではなく、いつ、どこで、どのように、誰に対して起こすかわからないような、ゲリラ的で、命を失うことに無頓着な自暴自棄的な戦いである。テロが増大する背景には、「弱肉強食全滅」原理がある。そして、テロ集団は弾圧されればされるほど凶暴化し、世界各国に散らばり、所かまわず、あらゆる手口で相手に打撃を与えるような行為を繰り返す。いわば、経済的軍事的抑圧が生んだ、〝悪性腫瘍〟のような存在がテロ組織である。例えば、今やＩＳを名乗るテロ組織は、世界中に〝転移〟しようとしている。たたいてもまた別のところではびこる。組織と言ってもどこが頭か尻尾かわからない。インターネットの発達で、世界中どこでも瞬時に通信が可能となるので、あたかもガン細胞が自由に血管の中を巡るように、過激なテロ思想を世界中に簡単に流布することができる。そして世界中どこでもＩＳの分身を誕生させることができる。自暴自棄のテロ集団には、新しい落ち着いた世界を築くというような目的は必要ない。平穏な秩序を壊して、憎い相手に打撃を与えれば十分なのである。強力な軍事力があってもこのような〝転移性腫瘍〟にはなんの効き目もないだけでなく、全く逆効果である。テロを生み出した原因の一つが軍事力である。

ここまで病んでしまった世界を治癒させるためには、時間をかけて、平和主義と互恵主義という〝妙薬〟を世界中に行き渡らせるしかない。自国だけ繁栄することはあり得ない時代である。相手の国も健全に育つように、お互いに恵み合うことができなければ、テロを根絶できない。

何から始めるべきか（民主主義は過程。勇気を持ってみんなで決めよう）

社会変革についていろいろ述べてきたが、今は代議制の世の中である。何から始めるべきなのか、何から始められるのか。

選挙が主権在民を実現していないという認識を国民の間にいかに広げられるかが一番大切である。圧倒的な世論があれば、道はいくらでも開ける。情報技術の格段の進歩が見込まれる現代、民主主義のために活用できる可能性は大きい。

次に、何か一つのテーマで良いから国民投票を実施して、直接民主主義的経験をすることである。今、国民投票が制度化されているのは憲法改正だけである。日本国憲法は実施以降一回も改正されていないので有名である。多くの国は、頻繁に実情に合わせて改正を繰り返している。憲法9条の改正を望む人たちは、このことを宣伝して改正に道をつけることに利用している。しかし、実情に合わない条項が少なからず存在しているにもかかわらず放置されているのは、私の推測では、直接民主主義的体験を国民にさせたくない勢力である。安倍首相が憲法改正を口にしようが、実際行うときは、結果が見通せる（自分たちの思うような結果になる）ときだけである。最近、ちょっと都合が良くなった兆しが見えて、様子を見ているだけの話であって本気ではない。根本的に憲法の平和主義について国民的な議論をやる気などあるとは思えない。

憲法9条を守る立場の人も、違反が明らかな自衛隊をどうするか、安保条約をどうするか、堂々と議論をやり直せばいいのである。憲法を守る運動は、条文を守る運動にとどまるのではなく、条文を実行させる運動でなければならない。例えば、自衛隊の解散を要求し、武器を持たない国の守り方を提案する、建設的なものでなければならない。1946年に不十分であった国民的議論をやり直すことになる。安保条約についても関連して再度国民的議論の土俵に乗せなければならない。

自由で徹底した国民的議論を行い全有権者で決める。そのようにして得られた結果を信じることが民主主義である。過程と結果は切り離すことはできない。過程が民主的であれば、結果は、仮に〝間違い〟（国民が判断するしかないので、この〝間違い〟という記述はおかしいのであるが）であったとしても、同じ民主的な過程によって訂正することができる。民主主義というのは過程である。〝正しさ〟とは、全国民の考えが〝正しい過程で反映された事柄〟という意味である。ルソーが「社会契約論」で最も主張したかったのはそのことではないかと思われる。

一つでも国民的関心の高い政治課題で、十分な議論の末国民投票が行われることで、日本の民主主義は大きく変わる。安倍首相が（あり得ないとは思われるが）憲法9条改正を課題に取り上げてくれたら絶好の機会である。日本の社会構造が抱える根本的な矛盾を国民全体で考えるためじっくりと時間をかけて（最低でも2年以上）議論し直すことができるのである。むしろそれを始めるのは早い方が良い。戦争への反省が社会全体の記憶としてまだ深く残っていて、国民の中で平和を貴ぶ気持ちが強い生命力を持っているからである。

イギリスがEU残留か離脱かを国民投票にかけるように、安保条約の破棄か維持かを国民投票にかけると日本社会に劇的変革が起きる。原発を禁止しているいくつかの国で行われたように、原発の推進か禁止かを国民投票で決めれば国民の民主主義への意識が大きく変わる。自衛隊を災害救助隊に変えることを国民投票にかければ大きく変わる。一つのテーマで民主主義的変革を経験した国民は、もっともっと主権者として成熟する。国民一人一人が率直に、建設的に議論し、勇気を持って判断して、みんなで決めることで進んでいくのが、私たちの生きる道である。

東道 利廣（ひがしみち としひろ）

１９５２年徳島県美波町（旧日和佐町）で生まれ、京都大学で物理学を学び、大阪府立高校の数学科教員を33年間務める。その間、環境教育学会、環境学会、えんとろぴい学会で活動。退職後、大阪と徳島県（高齢の母と、細々と農業を営む）の二重生活をしている。

論文等

「人はどのように自然とつきあうべきか」（教育タイムス　第２０１４、２０１５、２０１６号）

「経済学の生産力概念と環境問題」（えんとろぴい第36号）

「永続的エネルギーシステムをめざして」（人間と環境Ｖｏｌ20　№１）

「教育を受ける権利から教育をつくる権利へ」（こみゅんと№30　あゆみ出版）

「文化としてのたんぼ」（ダイヤモンド社　共著）

「農業の目で環境問題を見る」（人間と環境Ｖｏｌ18　№２）

「ＳＤ（サスティナブルディベロップメント）をどう評価するか」（日本の科学者Ｖｏｌ29）

エッセイ

「オニヒトデはどこへ行った」「テントウムシとアブラムシ」など（環境教育ニュースレター）

選挙という非民主主義　このまま18歳の若者に引き継ぐのか

2016年6月8日　第1刷発行

著　者　東道利廣
発行人　大杉　剛
発行所　株式会社 風詠社
〒553-0001　大阪市福島区海老江5-2-7
ニュー野田阪神ビル4階
TEL 06（6136）8657　http://fueisha.com/
発売元　株式会社 星雲社
〒112-0012 東京都文京区大塚3-21-10
TEL 03（3947）1021
装幀　2DAY
印刷・製本　シナノ印刷株式会社

ISBN978-4-434-22035-7 C0031